Der kleine Siebenschläfer
kommt in die Schule

Außerdem in der Reihe *Kleine Lesehelden* erschienen:

Martina Baumbach, *Die Tierwandler*
Ralph Caspers, *Milla und die sehr gefräßige Schule*
Ralph Caspers, *Milla und die verfluchten Vampirzähne*
Max Kruse, *Urmel aus dem Eis*
Otfried Preußler, *Der Räuber Hotzenplotz*
Otfried Preußler, *Die kleine Hexe*
Otfried Preußler, *Der kleine Wassermann*
Otfried Preußler, *Das kleine Gespenst*
Otfried Preußler, *Hörbe mit dem großen Hut*
Daniel Napp, *Dr. Brumm und die verflixte Gemüsekiste*
Sabine Jörg, *Der Ernst des Lebens*

Bohlmann, Sabine · Schoene, Kerstin:
Kleine Lesehelden – Der kleine Siebenschläfer kommt in die Schule
ISBN 978 3 522 18592 9

Text: Sabine Bohlmann
Gesamtausstattung: Kerstin Schoene
Rätselideen: Sandra Ladwig
Einbandtypografie und Reihengestaltung: formlabor
Innentypografie: Bettina Wahl
Reproduktion: HKS-artmedia, Ostfildern
Druck und Bindung: Livonia Print, Riga

www.thienemann.de

Sabine Bohlmann

DER KLEINE SIEBENSCHLÄFER
kommt in die Schule

Mit Bildern von Kerstin Schoene

Thienemann

Wir kommen alle in die Waldschule:

Die Spinne kann wunderbare Netze spinnen. Sie ist eine richtige Künstlerin.

Die Eule ist die Lehrerin der ersten Klasse in der Waldschule. Auch ihr Eulenkind kommt in die Schule. Es kann wunderbare Geschichten erzählen. Fast so gut wie seine Mama.

Niemand kann sich so klein zusammenrollen wie der Igel. Er kann sich als Kugel sogar von einem Hügel herunterkugeln.

Der Maulwurf sieht zwar nicht sehr gut, aber er kann sich hervorragend im Dunkeln zurechtfinden. Können die anderen Tiere das auch?

Die Fledermaus ist manchmal ein bisschen durcheinander. Vielleicht liegt das daran, dass sie immer kopfüber vom Baum hängt.

Der Spatz ist sehr hibbelig und hüpft immer auf und ab. Aber am liebsten spreizt er seine Flügel und fliegt.

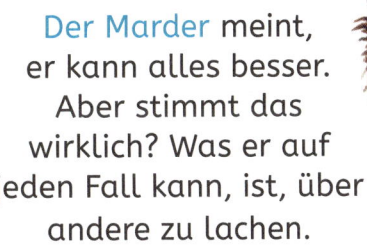

Der Marder meint, er kann alles besser. Aber stimmt das wirklich? Was er auf jeden Fall kann, ist, über andere zu lachen.

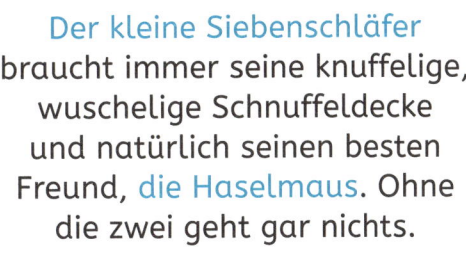

Der kleine Siebenschläfer braucht immer seine knuffelige, wuschelige Schnuffeldecke und natürlich seinen besten Freund, die Haselmaus. Ohne die zwei geht gar nichts.

Jeder kann eben etwas anderes. Und was kannst du?

1.

Ein aufregender Tag

Der kleine Siebenschläfer steht vor seiner Höhle. Er ist sehr aufgeregt. Heute ist nämlich der erste Waldschultag der kleinen Tiere. Seine Mama gibt ihm einen dicken Kuss auf den Kopf. „Sei brav und hör genau zu, was die Eule sagt!", ermahnt sie ihn und wuschelt ihm durch das Fell.

„Sei freundlich und hilfsbereit!", sagt sein Papa.

„Und schlaf nicht im Unterricht ein!",

rufen seine größeren Geschwister und lachen.

„Ich muss los, ich muss los!" Der kleine Siebenschläfer hüpft ungeduldig auf und ab.

Seine Mama lächelt und gibt ihm seine Blättertüte. „Die Blättertüte gefüllt mit kleinen Überraschungen darf an keinem ersten Schultag fehlen."

Der kleine Siebenschläfer schwankt
ein wenig nach links, dann nach rechts,
denn die Blättertüte ist ganz schön
schwer. Stolz sieht er seine Mama an.
„Na, dann lauf!", sagt sie und alle
winken ihm hinterher.
Doch vorher will der kleine
Siebenschläfer noch seinen besten
Freund, die Haselmaus, abholen.
Denn so war es ausgemacht.
„Huhu!", ruft der kleine Siebenschläfer
in die Mäusehöhle hinein. „Komm
raus, Haselmaus. Die Waldschule
fängt gleich an!"

Und wo wohnt dein bester Freund
oder deine beste Freundin?

Rätsel

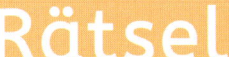

Hilf der Haselmaus aus dem Haselmaushaus.

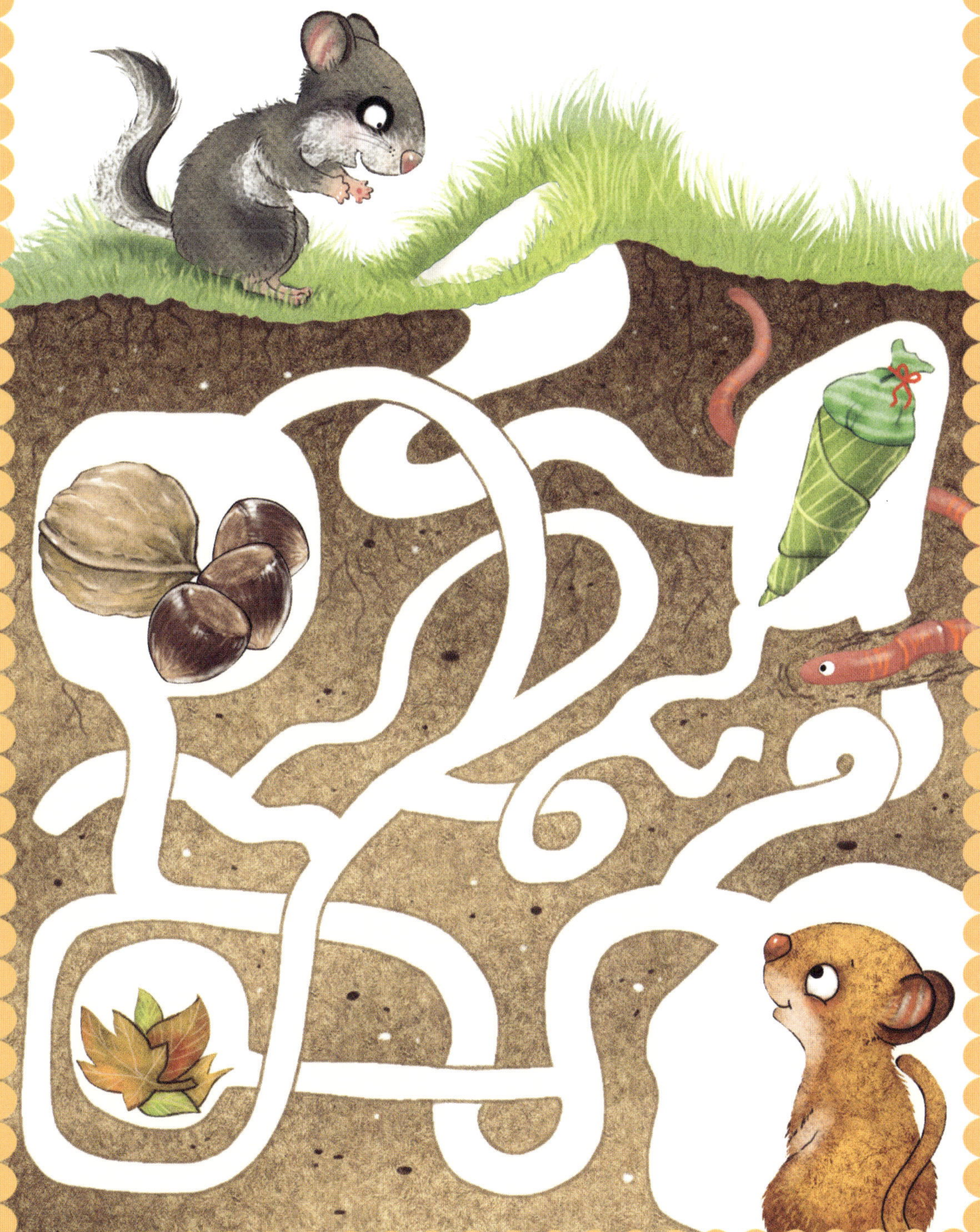

2.

Wer ist meine Haselmaus?

„Ich komme gleich!", ruft es aus der
Mäusehöhle.
Doch da kommt nicht nur eine Maus
heraus. Die ganze Mäusefamilie
möchte die Haselmaus verabschieden.
Es sind so viele, dass der kleine
Siebenschläfer gar nicht mehr
genau weiß, wer von ihnen nun
sein Freund ist.
„Bist du meine Haselmaus?", fragt er
eine, die direkt vor seiner Nase steht.
Die schüttelt lachend den Kopf.

„Ich bin die große Schwester von deiner Haselmaus!"

Der kleine Siebenschläfer sieht sich um. „Aber du, du bist doch sicher meine Haselmaus!", sagt er zu einer anderen. Doch auch die schüttelt den Kopf. „Ich bin der kleine Bruder von deiner Haselmaus!"

Der kleine Siebenschläfer seufzt.
Alle Haselmäuse hüpfen aufgeregt
durcheinander.

„Wer von euch ist denn nun mein
bester Freund?", fragt er verzweifelt.

„Na er!", rufen alle im Chor. Nur eine
Haselmaus ruft: „Na ich!"

Da freut sich der kleine Siebenschläfer
so sehr, dass er seinen Freund ganz
fest umarmt.

Und gemeinsam machen sie sich auf
den Weg zur Waldschule. Auch die
Haselmaus trägt ihre Blättertüte.

Was macht deine Freunde
unverwechselbar?

Die Haselmäuse sehen sich ja
zum Verwechseln ähnlich. Welche ist
die richtige Haselmaus?

3.

Schwere Blättertüten

Die Schule liegt auf einer kleinen Lichtung mitten im Wald. Um dorthin zu kommen, müssen die beiden rechts an der großen Buche vorbei, die Himbeergasse entlang, am Fuchsbau links abbiegen und über den kleinen Bach. Danach noch über die Pilzwiese und schon sind sie da. Schon Tage zuvor haben sie den Weg mit ihren Eltern geübt, damit sie sich nicht verlaufen.

„Irgendwie ist der Weg heute länger

als sonst!", bemerkt der kleine Siebenschläfer und bleibt stehen.

„Das liegt an den Blättertüten. Die sind zu schwer. Wir hätten den Weg vorher mal mit vollen Blättertüten gehen sollen!"

Auch die Haselmaus ist außer Atem. „Wir können die Tüten ganz schnell leichter machen."

„Und wie?", fragt der kleine Siebenschläfer erstaunt.

Die Haselmaus öffnet vorsichtig ihre Tüte und greift hinein. Sie holt eine Erdbeere heraus und stopft sie sich in den Mund. „Schwupps, schon ist die Tüte leichter!"

Da muss der kleine Siebenschläfer lachen. „Gute Idee!", ruft er und macht es der Haselmaus nach.

Doch nach ein paar Schritten müssen die beiden erneut stehenbleiben. „Wir sollten die Tüten noch ein bisschen leichter machen!", schlägt die Haselmaus vor und der kleine Siebenschläfer ist einverstanden.

Wo kommst du auf dem Weg zur Schule vorbei?

Was entdecken der kleine Siebenschläfer
und die Haselmaus auf ihrem Schulweg?
Ergänze die fehlenden Buchstaben.

B _ C H E

F _ C H S B A _

P _ L Z W I E S E

B _ C H

4.

Es geht los!

Mit leeren und leichten Blättertüten kommen sie bei der Lichtung an, wo die anderen Schüler und die Lehrerin Frau Eule bereits warten.

„Es tut mir leid, dass wir ein bisschen spät kommen, Frau Eule, aber ich musste sicher sein, dass ich die richtige Haselmaus dabeihabe!", entschuldigt sich der kleine Siebenschläfer.

„Außerdem mussten wir unsere Blättertüten erleichtern!", fügt die Haselmaus schüchtern hinzu.

Frau Eule lächelt. Dann hebt sie die Flügel. Alle Tierkinder verstummen. Der kleine Siebenschläfer sieht sich um. Die Fledermaus ist da, der Spatz, der kleine Marder, das Spinnenkind, der Igel und der Maulwurf und das Kind der Eule.

„Willkommen in der Waldschule!",
ruft die Eule. Begeistert klatschen die
Tierkinder in ihre Pfoten und Flügel.
„Dürfen wir jetzt die Blättertüten
öffnen, Frau Eule?", fragt der Igel
aufgeregt.
„Später, später!", antwortet die Eule.
„Zuallererst sollt ihr euch ein bisschen
besser kennenlernen. Deshalb möchte
ich, dass jeder sich der Klasse vorstellt
und erzählt, was er am besten kann!"
Wieder klatschen die Tiere in ihre
Pfoten und Flügel.

Und was kannst du besonders gut?

Rätsel

Wer ist heute alles in die Waldschule gekommen?
Setze die Wörter richtig zusammen und
verbinde sie mit dem passenden Tier.

1

2

9

WURF   MAUS

8   3

SIEBEN

MAUL

SPIN

FLEDER

NE

SCHLÄFER   MAUS

EU   4

I

7   SPATZ   MAR

HASEL

GEL

LE

DER

6   5

5.

Erst mal Pause

„Wir fangen heute mit der Pause an!", sagt die Eule. „Dann könnt ihr euch genau überlegen, was ihr euren Mitschülern erzählen wollt!"
„Mit der Pause fang ich am liebsten an!", sagt der Igel. Dann beißt er herzhaft in ein Stück Apfel.
„Ich mag Pausen auch!", sagt der Maulwurf. Er lässt sich einen langen Wurm

schmecken. „Maulwürfe fressen fast alles und davon viel!", sagt er mit vollem Mund.

Die Eule kaut auf einem Gewölle herum.

Die Haselmaus lässt sich eine Nuss schmecken. Aber der kleine Siebenschläfer ist viel zu aufgeregt, um etwas zu essen.

„Dürfen wir jetzt, in der Pause, die Blättertüten öffnen, Frau Eule?", fragt der Igel erneut mit vollem Mund.

„Später, später!", sagt die Eule wieder.

„Was kann ich denn am besten, Haselmaus?", überlegt der kleine Siebenschläfer.

„Ich habe gerade genug damit zu tun,
darüber nachzudenken, was ich kann!",
antwortet sein Freund.
„Ich kann alles!", mischt sich der
Marder ein.
Die Haselmaus und der kleine
Siebenschläfer staunen.
„Alles? Wirklich, Marder?", fragt die
Haselmaus.
Der Marder lehnt sich lässig an
einen Baum und nickt: „Alles!"
Und dann ist die Pause vorbei und
die Schulstunde beginnt.

Und was schmeckt dir in der Pause
am besten?

Zähle, was zusammengehört.

- ☐ BLÄTTER
- ☐ PILZE
- ☐ NÜSSE
- ☐ WÜRMER

6.

Kopfüber

Die Fledermaus ist die Erste. Sie
fliegt auf einen Ast und hängt sich
kopfüber daran.

„Ich bin die Fledermaus!", sagt die
Fledermaus. „Und ich kann was, was
ihr nicht könnt. Ich kann kopfüber
von einem Ast hängen."

„Aha!", sagt die Eule. „Und wie machst
du das?"

„Ich kralle mich mit den Zehen fest!",
erklärt sie.

„Und wie lange kannst du so hängen?",
fragt die Spinne schüchtern.

„Die ganze Nacht, wenn ich will!",
antwortet die Fledermaus.

„Und im Winter kann ich sogar
kopfüber Winterschlaf machen.
Wochenlang!"

„Und warum machst du das?", fragt
der Igel.

„Weil ich so vor Feinden geschützt
bin. Bei Gefahr lasse ich mich einfach
fallen und fliege davon!"

Die Tiere
schauen
hinauf zu der
Fledermaus und
nicken anerkennend.

„Toll!", sagt der Igel. „Das ist einfach toll, was die Fledermaus kann!"

„Das ist doch nicht schwer!", lacht der Marder. „Das ist pupsleicht! Das kann doch jeder!"

„Naja, wenn das so leicht ist, dann versucht es doch alle einmal!", schlägt die Eule vor.

Der Igel und der Maulwurf versuchen sich auf dem Boden auf den Kopf zu stellen. Die anderen Tiere klettern und fliegen zur Fledermaus hinauf.

Der Marder kommt als Letzter oben an.

„Also los!", fordert er die Tiere auf.
Und gleich versuchen sich alle
neben der Fledermaus vom Baum
herabzuhängen. Die Spinne hängt an
einem Faden. Das geht gut. Die Vögel
flattern mit den Flügeln, damit sie
nicht fallen. Der kleine Siebenschläfer
und die Haselmaus schaffen es
tatsächlich, kopfüber vom Baum zu
hängen. Der Marder schafft es auch.
Aber nur für einen kurzen Moment.
Dann fällt er. Er landet zum Glück
weich in einem Blätterhaufen.
Und weil das so lustig aussieht,
fangen alle an zu lachen. Der kleine
Siebenschläfer lacht so laut, dass er
auch fast vom Baum fällt.

Wem gehört welcher Schatten?
Verbinde.

7.

Die Welt von oben

Als Nächstes ist der Spatz dran.
Aufgeregt hüpft er auf und ab.
„Ich bin der Spatz!", sagt der Spatz.
„Und ich kann am besten fliegen!"
Er breitet die Flügel aus und hebt ab.
Im Zickzack fliegt er um die Bäume
herum. Die Tiere auf dem Waldboden
sehen ihm bewundernd zu.
„Ist es schön, fliegen zu können?",
ruft der Igel zum Spatz hinauf.
„Es ist das Schönste, was du dir
vorstellen kannst!", sagt der Spatz.

Die kleine Eule und die Fledermaus
nicken. Sie wissen, wie es sich anfühlt,
wenn man fliegen kann.

„Und warum ist es so schön?", fragt
der Maulwurf.

„Weil man sich ganz frei fühlt und
alles von oben sieht. Den ganzen
Wald. Die ganze Welt!", ruft der Spatz
und lacht glücklich.

„Und was nützt es dir, wenn du fliegen
kannst?", fragt die Spinne.

„Ich mache meinen Schnabel auf und die Mücken fliegen einfach hinein! Und hier oben bin ich vor Feinden sicher", erklärt der Spatz.

„Ich würde auch gern fliegen können!", schwärmt der kleine Siebenschläfer. Er breitet seine Arme aus und bewegt sie auf und ab. Aber leider hebt er kein bisschen vom Boden ab.

„Das ist ja babymausleicht!", lacht
der Marder, der den Spatz beobachtet.
„Wenn es so leicht ist, dann
versucht es doch alle mal!", schlägt
Frau Eule vor.
Die Fledermaus und die kleine Eule
fliegen einfach zum Spatz hinauf. Der
Igel versucht, von einem Baumstamm
abzuheben, aber er schafft es nicht.
Auch der Maulwurf, der kleine
Siebenschläfer und die Haselmaus
haben keinen Erfolg. Die Spinne
schwingt sich an einem Faden von
einem Baum zum anderen. Aber das
sieht auch nicht wie fliegen aus.
„Achtung, hier komme ich!", ruft
plötzlich der Marder. Er steht auf

einem großen Stein. In seinen Pfoten
hält er zwei Äste, die wie Flügel
aussehen. Er bewegt sie auf und ab
und fliegt ... in hohem Bogen hinunter.
Zum Glück landet er weich in einem
Matschhaufen. Die anderen Tierkinder
können nicht anders. Sie lachen
und kichern.
Der Igel sagt: „Sei froh, dass du
nicht auf mir gelandet bist. Das wäre
ziemlich piksig und stachelig für
dich geworden."
Da müssen die Tierkinder noch mehr
lachen.

Würdest du auch gerne fliegen
können?

Was sieht der Spatz bei seinem Flug von oben?

E
N
S
T

1. _ _ _ _ _

T
E
N
N
E

2. _ _ _ _ _ _

S
H
O
F
C
R

P
Z
E
L
I

3. _ _ _ _ _ _ _

4. _ _ _ _ _ _

8.

Die Geschichte der kleinen Eule

„Und was kannst du, kleine Eule?",
fragt Frau Eule. Sie zwinkert ihrem
Kind zu.

„Du weißt doch, was ich kann, Mama!",
sagt die kleine Eule und verschränkt
die Flügel.

„Ich bin doch deine Lehrerin, hast du
das vergessen?", flüstert Frau Eule
ihrem Kind leise zu.

„Ach so, stimmt!" Sofort erinnert sich
die kleine Eule. „Also, Frau Lehrerin
Eule", sagt die kleine Eule und muss

ein bisschen kichern. „Ich kann
richtig gut Geschichten erzählen! Das
hat mir meine Mama beigebracht.
Die ist nämlich die beste
Geschichtenerzählerin im Wald!"
„Das wissen wir!", sagt der kleine
Siebenschläfer. Er hat schon oft die
Geschichten der Eule gehört.

Jetzt beginnt die kleine Eule eine Geschichte zu erzählen. Sie räuspert sich, so wie ihre Mama es immer macht: „Es war einmal ein ...!", beginnt sie. Dann weiß sie nicht weiter. „Es war einmal ...", versucht sie es erneut. Sie lässt traurig die Flügel hängen. Der kleine Siebenschläfer legt seinen Arm um die kleine Eule. „Du schaffst das, wir helfen alle mit!"

„Das ist doch Pipifax!", sagt der
Marder und kichert. „Geschichten
erzählen ist das Einfachste von
der Welt!"

„Das kannst du also auch?", fragt
der kleine Siebenschläfer erstaunt.
„Nicht nur das. Ich kann auch reimen.
Wer reimen kann, ist der König der
Erzähler!", antwortet der Marder und
hält seine Nase so hoch er kann.
„Dann reim doch mal!", fordert ihn
Frau Eule auf. Der Marder seufzt.
„Also gut", sagt er, „wenn ihr
unbedingt wollt!" Die anderen Tiere
sehen ihn gespannt an.
Der Marder räuspert sich, so wie
es eben die kleine Eule tat.

„Der Marder hat total viel Mut,
Das finden alle Tiere … toll.
Sein Fell ist weich und wunderschön,
Das können alle Tiere … erkennen.
Von morgens früh bis abends spät
Der Marder durch den Wald … läuft.
Und alle rufen ihm dann zu:
Das tollste Tier hier, das … bin ich!"
„Hä?", sagt die Haselmaus. „Das hat
sich doch gar nicht gereimt."
„Kein kleines bisschen!", fügt der
kleine Siebenschläfer hinzu.
Und wieder müssen die Tiere ein
wenig kichern.

Kannst du auch dichten?

Hilf dem Marder, damit sich sein Gedicht reimt.

Der Marder hat total viel Mut,
das finden alle Tiere _ _ _.
Sein Fell ist weich und wunderschön,
das können alle Tiere _ _ _ _.
Von morgens früh bis abends spät,
der Marder durch den Wald _ _ _ _.
Und alle rufen ihm dann zu:
„Das tollste Tier hier, das bist _ _!"

9.

Spinnereien

Jetzt ist die Spinne dran. Sie lässt sich
von einem Faden herabbaumeln, der
an einem Busch befestigt ist.
„Ich bin die Spinne", stellt sich die
Spinne vor. „Ich kann besonders
gut Netze spinnen." Und gleich
fängt sie an, Fäden zu spinnen. Es
entsteht ein großes Netz. Die Tiere
stehen staunend auf dem Waldboden
und sehen ihr zu.
„Das ist Spinnenseide!", sagt sie stolz
und deutet auf die Fäden. „Ich kann

sieben verschiedene Fadensorten herstellen. Klebende Fäden und Sicherungsfäden, feine Seide zum Einspinnen oder dehnbare Fäden für die Fangspirale."

„Und warum spinnst du die Netze, Spinne?", fragt der kleine Siebenschläfer.

„Ich fange darin mein Essen ein. Ohne die Netze würde ich verhungern."

„Kannst du auch verschiedene Muster spinnen?", fragt die Haselmaus. Die Spinne lässt sich nicht lange bitten. Geschickt spinnt sie ein paar Netze nebeneinander.

„Oh" und „Ah!" machen die Tiere und sehen bewundernd zu.

„Du spinnst ja, Spinne!", sagt der Marder und grinst. „Gib mir ein bisschen Wolle, dann kann ich das auch!"

Der Igel verdreht die Augen. „Kommt mir das nur so vor", fragt er den kleinen Siebenschläfer, „oder ist der Marder ein Angeber?"

Der kleine Siebenschläfer schaut zum Marder. „Wenn er es wirklich kann, ist er kein Angeber!", antwortet er.

Frau Eule reicht dem Marder aus ihrem Gewölle ein wenig Wolle. Und sogleich fängt der Marder an, ein Netz zu spinnen. Es dauert nicht lange, da hat er sich selbst in seinem Netz gefangen.

„Ich muss sagen, im Einfangen bist
du wirklich klasse!", sagt die Spinne
und lacht.
Auch die Tiere prusten bereits
wieder los.
„Ich will gar nicht lachen!", sagt die
Haselmaus und hält sich den Bauch.

„Aber es ist einfach so lustig!"

„Pfelpft mir Pfoch!", ruft der Marder.

„Was hat er gesagt?", fragt die
Fledermaus.

„Ich glaube, er meint, wir sollen
ihm helfen!", übersetzt der kleine
Siebenschläfer und gemeinsam
befreien sie den Marder wieder aus
seinem eigenen Netz.

Was findest du an Spinnen schön?

Rätsel

Was spinnt denn da die Spinne?
Verbinde die Zahlen.

Antwort:

Ein _ _ _ _ _ _ _ _ _ _ _ _ .

10.

Kullern und kugeln

„Ich bin der Igel!“, sagt der Igel und
stellt sich vor die Klasse. „Ich kann
mich sehr gut zusammenrollen und im
Kullern bin ich unschlagbar.“
„Kullern?“, fragen die anderen Tiere.
„Ja, ich kann super einen Hügel
hinunterkullern!“
„Das müssen wir ausprobieren!“, ruft
der kleine Siebenschläfer.
Frau Eule ist einverstanden.
Gemeinsam klettern sie auf einen
Hügel in der Nähe. Der Igel macht

es vor. Er rollt sich zu einer Kugel zusammen und kugelt den Berg hinunter. Dabei sammeln seine Stacheln alle Blätter auf, über die er rollt. Unten kommt er wie ein großer Blätterhaufen an.

Die Tiere versuchen es ebenfalls. Sie kugeln wild durcheinander.

„Ich bin der beste Kugler!", sagt der Marder.

Doch als er Anlauf nimmt, um sich vom Hügel zu kugeln, stolpert er über eine Wurzel und rutscht auf dem Bauch bis nach unten.

Der kleine Siebenschläfer presst die Lippen aufeinander.

„Wir können doch nicht immer über den Marder lachen!", gluckst er.

Auch die anderen Tiere versuchen, sich das Kichern zu verkneifen.

Bist du schon mal einen Berg hinuntergekullert?

Was macht der Igel im Winter?
Die Lösung findest du zwischen den Blättern.

Antwort:

Der Igel hält _ _ _ _ _ _ _ _ _ _ _ _.

11.

Der blinde Maulwurf

„Und was kannst du, Maulwurf?",
fragt Frau Eule.
Der Maulwurf blinzelt sie an.
„Ich kann mich prima im Dunkeln
zurechtfinden! Meine Augen sind
zwar nicht gut und etwas klein, aber

dafür habe ich Tasthaare. Die sind
mindestens genauso gut wie
gute Augen."

„Dann lasst es uns ausprobieren!",
schlägt Frau Eule vor. Sofort binden
sich die Tierkinder die Augen zu
und versuchen durch den Wald zu
spazieren. Anfangs noch etwas
vorsichtig. Dann werden die Tiere
immer mutiger. Aber leicht ist
das nicht.

„Das ist doch ein Baby-Kinder-Pups-Spiel!", sagt der Marder. „Seht her, ich kann sogar rennen!"

Und er rennt. Und rennt. Und rennt gegen einen Baum. Der Baum wackelt sogar und ein paar Zapfen fallen herunter. Und landen auch noch genau auf seinem Kopf. Diesmal lachen die Tiere nicht, denn das hat wirklich wehgetan.

Der kleine Siebenschläfer pustet dem Marder zart über die Beule. Und dem Marder läuft diesmal sogar eine kleine Träne über die Wange.

Kannst du gut im Dunkeln sehen?

Wessen Augen leuchten im Dunkeln?

Diese Tiere kann ich entdecken:

E U _ _

_ _ _ S _ H

_ _ T Z _

W _ _ _

H _ S _ _ M _ _ _

12.

Was kann der Marder?

„Du hast uns ja jetzt schon viele Sachen gezeigt, die du nicht kannst!", sagt der Igel zum Marder und grunzt dabei ein bisschen. „Wie wäre es, wenn du uns jetzt zeigst, was du kannst?" Die Tiere stehen um den Marder herum und sehen ihn abwartend an. Der schaut von einem zum anderen. Dann schnieft er.

„Ich bin der Marder", sagt der Marder leise, „und ich glaub, ich kann gar nichts!" Schon wieder kullert eine

Träne über seine Wange. „Ich kann nicht kopfüber hängen, ich kann nicht kullern, nicht reimen, nicht spinnen, nicht fliegen und im Dunkeln rennen kann ich auch nicht."

„Also ich weiß, was du besonders gut kannst, Marder!", sagt der kleine Siebenschläfer und lächelt.

Der Marder hebt hoffnungsvoll den Kopf.

„Und was?", fragt er zerknirscht.

„Ich kenne niemanden, der uns besser zum Lachen bringen kann als du!", antwortet der kleine Siebenschläfer. „Mit dir ist es immer lustig."

„Das ist wahr!", stimmt ihm die Haselmaus zu. Und alle anderen Tiere nicken.

„Ja, das kann ich!", sagt der Marder und über sein Gesicht huscht ein kleines Lächeln. „Das kann ich wirklich gut!"

Welches Gesicht machst du, wenn du fröhlich bist?

Rätsel

Erst ist der Marder traurig, dann wieder fröhlich.
Im Suchsel sind drei weitere Gefühle versteckt.
Findest Du sie?
Tipp: Lies von oben nach unten.

F	Ä	E	G	O	K	L	F	T	N
D	N	O	B	K	N	B	H	Y	C
P	G	D	X	L	D	G	J	T	S
I	S	I	M	S	E	Q	L	G	T
T	T	V	L	W	D	V	P	X	O
U	L	Q	L	Ü	B	X	Ü	C	L
C	I	O	E	T	U	I	Y	P	Z
D	C	R	V	E	T	O	D	C	W
I	H	T	H	N	F	C	E	L	P
U	X	A	W	D	X	Z	G	C	A

13.

Der beste Freund

„Und jetzt kommt die Haselmaus dran!", verkündet Frau Eule.

„Ich?", fragt die Haselmaus erstaunt.

„Jetzt habe ich ganz vergessen, mir zu überlegen, was ich am besten kann!", sagt sie. „Ich kann", überlegt sie laut, „ich kann ... äh ... Moment, hab es gleich. Also, was ich gut kann ... äh ..."

„Du kannst der beste Freund sein, den es gibt!", sagt der kleine Siebenschläfer. „Du bist immer für mich da. Du lachst mit mir. Du tröstest mich, wenn ich traurig bin. Und du hilfst mir, wenn ich was nicht kann!"

„Ja, ein guter Freund zu sein, das ist was ganz Besonderes!", stimmt Frau Eule zu.

Und auch die anderen Tiere nicken anerkennend. Die Haselmaus freut sich.

„Du bist so ein guter Freund", sagt der kleine Siebenschläfer, „dir würde ich sogar meine Schnuffeldecke leihen!"

„Ohhhh!", rufen die anderen Tiere
beeindruckt.
Denn seine Schnuffeldecke, die leiht
man wirklich nicht jedem.

Was machst du am liebsten mit
deinen Freunden?

Was macht mit echten Freunden besonders viel Spaß? Erkennst du die Wörter in den Bildern?

Sie _ _ _ _ _ _ _ sich.

Sie _ _ _ _ _ _ _ _ _ _
zusammen die Sterne.

Sie _ _ _ _ _ _ _
mit einer Nuss.

Sie _ _ _ _ _ _ sich
eine Erdbeere.

14.

Schlafen

„Und wer fehlt jetzt noch?", fragt
Frau Eule und schaut in die Runde.
„Der kleine Siebenschläfer!", rufen
alle Tierkinder.
„Ich bin der kleine Siebenschläfer!",
sagt der kleine Siebenschläfer. „Und
ich kann eine Sache besonders gut.
Da muss ich gar nicht lange
überlegen: Schlafen!"
„Willst du uns vielleicht zeigen, wie
das geht?", fragt Frau Eule
und lächelt.

Der kleine Siebenschläfer nickt.
„Ja, sehr gern! Man muss es sich
gemütlich machen, dann muss man
ganz viel gähnen und sich vielleicht
an jemanden kuscheln, den man mag.
Dann muss man an viele schöne Dinge
denken. Dann atmet man ruhig ein
und aus und noch mal aus und ein.
Und man darf nicht vergessen, die

Augen zuzumachen! Denn mit offenen
Augen schläft man sehr schlecht!"
Der kleine Siebenschläfer gähnt
bereits und steckt die anderen Tiere
damit an. Dann kuscheln sie sich
ganz eng zusammen und versuchen
es. Und nach kurzer Zeit sind alle
eingeschlafen.

Und wer schnarcht bei euch zu Hause?

Was meinst du:
Welches Tier schnarcht hier wie?

Keck keck keck keck keck

huuu huuuuu

hu hu hu hu hu

grrrrr grrrrr grrrrr

sssssssssss

niam niam niam

füühhh fühhhh fühhhh

fiiip fiiip fiiip

schmatz schmatz schmatz

15.

Die Blättertüten

„Dürfen wir jetzt endlich unsere Blättertüten öffnen, Frau Lehrerin?", fragt der Igel, als er ein wenig

geschlafen hat und sich alle bereits verabschieden.

„Die Blättertüten?" Frau Eule reißt die Augen auf. „Die habe ich ganz vergessen. Wisst ihr was? Die macht ihr jetzt einfach alle zu Hause auf, denn die Schule ist für heute zu Ende!"

„Weißt du, was schade ist, Haselmaus?", fragt der kleine Siebenschläfer seinen Freund, als sie sich auf den Weg nach Hause machen.

„Was denn?", fragt die Haselmaus.

„Dass jetzt alle anderen Kinder ihre Blättertüten aufmachen und sich freuen, und unsere Tüten schon leer sind, weil wir alles schon vor der Schule aufgefuttert haben."

„Ja, das ist wahr. Das ist echt schade!",
nickt die Haselmaus.
„Weißt du was, kleiner Siebenschläfer?
Wir füllen unsere Tüten einfach noch
mal. Ich füll dir deine und du mir
meine. Und schon haben wir doppelte
Freude!"
„Du hast einfach immer die besten
Ideen, Haselmaus. Ich weiß schon,
warum du mein liebster Freund bist."

Und so füllen die beiden Freunde
die Blättertüten des jeweils anderen
mit den leckersten Dingen. Sie
laufen hin und her und suchen nach
leckeren Beeren, Nüssen und anderen
Leckereien.

Und was hattest du in deiner
Schultüte?

Schultüten sehen immer toll aus.
Zeig dem kleinen Siebenschläfer und
der Haselmaus deine Schultüte!

16.

Viel gelernt

Als der kleine Siebenschläfer von der Schule nach Hause kommt, steht seine Mama schon am Höhleneingang.

„Na, mein Kleiner? Wie war dein erster Schultag?", fragt sie.

„Oh, er war ganz wunderbar!", antwortet der kleine Siebenschläfer.

„Ich habe jetzt viele neue Freunde und ich habe ganz viel gelernt!"

„Was hast du denn alles gelernt?", fragt seine Mama.

Der kleine Siebenschläfer holt tief
Luft.

„Wie man kopfüber vom Baum hängt.
Wie schwer es ist zu fliegen. Wir
haben reimen gelernt und gelernt,
wie man Geschichten erzählt. Wie man
sich in Netzen verheddert, wie man

den Hügel hinunterkullert und wie es
ist, wenn man nicht gut sieht!"
Die Siebenschläfermama hört
interessiert zu. „Das ist ganz schön
viel für den ersten Tag!", sagt sie.
„Das ist noch nicht alles!", erzählt
der kleine Siebenschläfer weiter. „Wir
haben gelernt, wie man Blättertüten
füllt, anderen hilft und wie wichtig
es ist, gute Freunde zu haben. Und
am Ende haben wir gelernt, wie man
wunderbar einschlafen kann! Und
ich glaube, das wird mein
Lieblingsfach."
Da lacht der kleine Siebenschläfer
und seine Mama lacht mit.

Im zweiten Klassenfoto haben sich
fünf Fehler eingeschlichen.

Klassenfoto 1

Finde die Fehler!

Klassenfoto 2

Lösungen

9

13 Die Haselmaus Nr. 3 ist die richtige Haselmaus.

17
1. BUCHE
2. FUCHSBAU
3. PILZWIESE
4. BACH

21
1. SIEBEN SCHLÄFER
2. MAR DER
3. SPIN NE
4. EU LE
5. HASEL MAUS
6. I GEL
7. SPATZ
8. FLEDER MAUS
9. MAUL WURF

25
8 Blätter
3 Pilze
10 Nüsse
5 Würmer

30/31

37 1. NEST, 2. ENTEN, 3. FROSCH, 4. PILZE

43 Der Marder hat total viel Mut,
das finden alle Tiere gut.
Sein Fell ist weich und wunderschön,
das können alle Tiere sehn.
Von morgens früh bis abends spät,
der Marder durch den Wald geht.
Und alle rufen ihm dann zu:
„Das tollste Tier hier, das bist du!"

49 Ein SCHMETTERLING.

53 Der Igel hält WINTERSCHLAF.

57 EULE, FROSCH, KATZE, WOLF, HASELMAUS

61

F	Ä	E	G	O	K	L	F	T	N
D	N	O	B	K	N	B	H	Y	C
P	G	D	X	L	D	G	J	T	S
I	S	I	M	S	E	Q	L	G	T
T	T	V	L	W	D	V	P	X	O
U	L	Q	L	Ü	B	X	Ü	C	L
C	I	O	E	T	U	I	Y	P	Z
D	C	R	V	E	T	O	D	C	W
I	H	T	H	N	F	C	E	L	P
U	X	A	W	D	X	Z	G	C	A

65 Sie umarmen sich.
Sie schauen zusammen in die Sterne.
Sie spielen mit einer Nuss.
Sie teilen sich eine Himbeere.

69 Die Antwort entscheidest du ganz allein.

78/79